MIGUEL

Poemas

MIGUEL HERNANDEZ

PLAZA & JANES EDITORES, S. A.

Diseño de la portada: Método, S. L.
Ilustración de la portada: *Garrote VII* (1931), pintura de José
  Gutiérrez Solana

Segunda edición con esta portada: septiembre, 1996

© 1964, Plaza & Janés Editores, S. A.
Enric Granados, 86-88. 08008 Barcelona

Printed in Spain – Impreso en España

ISBN: 84-01-42320-1
Depósito legal: B. 32.463 - 1996

Impreso en Romanyà Valls, S. A.
Verdaguer, 1. Capellades (Barcelona)

L 4 2 3 2 0 1

Esta selección de la obra poética de Miguel Hernández ha sido
preparada por la viuda del poeta, Josefina Manresa, con la
colaboración de José Luis Cano

INTRODUCCIÓN

por
JOSÉ LUIS CANO

LA VIDA Y LA POESÍA
DE MIGUEL HERNÁNDEZ

D<small>E</small> *la generación poética española de 1936
—llamada por Ricardo Gullón la genera-
ción escindida—, es quizá Miguel Hernández el
poeta mejor dotado, el más intenso y rico de ex-
presión, y seguramente el único que hubiese sido
capaz, si no muere tan joven, de llenar el hondo
hueco que dejó en la poesía española la muerte de
García Lorca. Circunstancias adversas han impe-
dido, hasta hace muy poco, que la poesía de Her-
nández tenga la fama que merece. Pero la verdad
de un poeta —de un grande, auténtico poeta—,
acaba abriéndose camino en todas partes, y hoy la
fama de Hernández ha traspasado, con entera jus-
ticia, nuestras fronteras.*

*Miguel Hernández nació en Orihuela —la Ole-
za de Gabriel Miró—, en 1910. Su padre era pas-
tor de cabras, y Miguel heredó ese humilde oficio
desde que tuvo siete u ocho años. Guiaba sus
cabras y ovejas por las laderas de las montañas
que rodean a Orihuela, sabía herir el aire con su
silbido para llamarlas, y disparar la honda cuan-*

do alguna de sus cabras quedaba rezagada. Al cumplir diez años, su padre le envió a estudiar en el Colegio de Santo Domingo, dirigido por los padres jesuitas. Sus profesores no tardaron en advertir su natural inteligencia y su gusto por la lectura, pues Miguel leía todo lo que caía en sus manos, procuraron estimular esa afición a los libros, y aconsejaron al padre de Miguel que le costease una carrera. Pero el padre prefirió que Miguel continuase con su oficio de pastor, y le ayudase en sus tareas. Así, pues, Miguel continuó pastoreando en el campo oriolano, alternando a veces ese oficio con el de repartidor de leche a domicilio. Pero siempre que podía leía versos o novelas, escapaba al campo o se iba al río a bañarse, solo o con un amigo. Tenía quince años cuando encontró a un grupo de muchachos aficionados, como él, a los versos. El juvenil grupo se reunía en una modesta tahona, propiedad de dos de ellos, los hermanos Fenoll, y la tertulia la dirigía un joven de gran cultura y talento, Ramón Sijé, que habría de morir tempranamente. El encuentro con Ramón Sijé fue decisivo para estimular la vocación literaria de Miguel Hernández. Sijé le prestó libros, los clásicos ante todo —Lope, Garcilaso, san Juan de la Cruz, Quevedo, Góngora, Calderón—, y más tarde los poetas modernos: Rubén Darío, Antonio Machado, Juan Ramón Jiménez. También, naturalmente, a Gabriel Miró, el gran novelista alicantino que había descrito a Orihuela en varias de sus novelas, como El obispo leproso y Nuestro padre san Daniel. Estas lecturas fueron como agua fecundante para el *alma del futuro poeta. Miguel comienza a escribir versos, y con ellos llena cuadernillo tras cuadernillo. Devora todo libro que cae en sus manos, y García Lorca se convierte en uno de sus poetas predilectos.*

Pero como ocurre siempre con los jóvenes de talento que viven en los pueblos, llega un día en que Miguel no puede soportar más el ambiente estrecho y pueblerino de Orihuela. Él se sabe poeta, y se da cuenta de que nada o muy poco podrá adelantar su poesía si permanece en el pueblo, trabajando en pequeños oficios que le aburren como repartidor de leche o empleado de una notaría. Decide, pues, intentar la aventura de Madrid, donde él cree que está la gloria literaria, pero antes coge la pluma y escribe una carta a Juan Ramón Jiménez, otro de sus grandes ídolos poéticos, para anunciarle su viaje: «Tengo un millar de versos escritos sin publicar —le dice—. En provincias leen poco los versos y los que los leen no los entienden. Y heme aquí con un millar de versos que no sé qué hacer con ellos. A veces me digo que quemarlos tal vez fuera lo mejor. Soñador, como tantos, quiero ir a Madrid. Abandonaré las cabras y con el escaso cobre que puedan darme tomaré el tren para la Corte. ¿Podría usted, dulcísimo Juan Ramón, recibirme en su casa y leer lo que le lleve?» No sabemos si Juan Ramón contestó a la carta del incipiente poeta, pero sí que, a las pocas semanas de escribirla, a fines de 1931, Miguel Hernández cogió el tren para Madrid, llevando por todo equipaje una vieja maleta llena de versos. Al principio se siente deslumbrado y mareado por el bullicio de la Corte, ahora capital de la República. Tras unos días de corretear la ciudad de punta a punta para mejor conocerla, decide buscar trabajo, pero a pesar de sus esfuerzos no lo consigue. Lleva sus versos al escritor Ernesto Giménez Caballero, que entonces dirigía una de las mejores revistas literarias del momento, La Gaceta Literaria, *pero no logra que se los publiquen, ni obtiene ayuda alguna. Las pocas pesetas que había traído del pueblo se le acaban, y con ellas todas sus ilusiones. Vencido y desengañado de su aventura, regresa a su pueblo, y se refugia de nuevo en sus lecturas, en sus amigos, y en la soledad del campo oriolano. Sigue leyendo incansablemente y escribiendo poemas, ya recobrado de su fracaso madrileño. Y en diciembre de 1932 logra por fin publicar —en las «Ediciones Sudeste» de Murcia— su primer libro,* Perito en lunas, *un libro barroco, rico en metáforas gongorinas y calderonianas, del que apenas si se venden unos pocos ejemplares, comprados por sus amigos. Pero en los periódicos de Murcia aparecen algunas críticas elogiosas, y esto le anima a seguir escribiendo. Termina un auto sacramental,* Quién te ha visto y quién te ve, *y* Sombra de lo que eras, *de fuertes resonancias clásicas, y escribe los primeros poemas de* El Silbo vulnerado. *Al goce creador se une ahora el de su primer enamoramiento: se hace novio de una modistilla del pueblo, morena y fina, Josefina Manresa, que corresponde a su amor, y que pocos años más tarde será su esposa. Este amor le da seguridad, y Miguel se siente más poeta que nunca, capaz de intentar por segunda vez la aventura madrileña. Con la misma vieja maleta, llena ahora de nuevos poemas, del auto sacramental* Quién te ha visto y quién te ve, *y de ejemplares de su libro, Miguel toma de nuevo el tren para Madrid. Pero esta vez ya no es el adolescente tímido, acobardado, del primer viaje. Se siente ahora más seguro de sí mismo y de su poesía. Conoce a José Bergamín, que dirige entonces la bella revista* Cruz y Raya, *y que decide publicar el auto sacramental de Miguel. Esta publicación le abre caminos y significa para el poeta de Orihuela un primer paso importante en su carrera. Pronto conoce y traba amistad con los mejores poetas del momento: García Lorca, Aleixandre, Alberti, Altolaguirre, Pablo Neruda... Trabaja como secretario de José María de Cossío para ayudarle en la redacción de su enciclopedia taurina* Los Toros, *que publica la editorial «Espasa Calpe». Gracias a ese puesto, puede Miguel continuar en Madrid escribiendo poemas y ampliando sus relaciones literarias. Pero cuando llega el verano, corre a tomar el tren y llega a su pueblo para ver a los suyos, a su novia, a sus amigos. Son días felices para el poeta, junto a Josefina, o recorriendo de nuevo parajes queridos del campo de su infancia. Pero en setiembre debe regresar a Madrid, a su trabajo, a su poesía. Sus dos grandes amigos de entonces son Vicente Aleixandre y Pablo Neruda. Aleixandre ha evocado en su semblanza de Miguel, publicado en su bello libro* Los encuentros, *las visitas del poeta a su casa del Parque Metropolitano, a la que acudían con frecuencia también Neruda y García Lorca. A veces salían juntos a dar un paseo por la*

Ciudad Universitaria o por el vecino campo de la Moncloa. Y de pronto, Miguel desaparecía «¡Miguel!», le llamaban sus amigos. Y les contestaba la risa sana, alegre, del poeta, que les contemplaba desde lo alto de un árbol al que se había subido. En diciembre de 1935 muere el mejor amigo de Miguel en Orihuela: su fraternal Ramón Sijé, y el poeta escribe entonces su extraordinaria Elegía a Ramón Sijé, *que provocó el entusiasmo crítico de Juan Ramón Jiménez en el diario* El Sol. *Miguel es invitado a colaborar en la* Revista de Occidente, *donde publica una serie de hermosos poemas, y en enero de 1936, su gran amigo el poeta Manuel Altolaguirre edita, en su* Colección Héroe, *el segundo libro de Miguel,* El rayo que no cesa, *un libro casi todo él compuesto de sonetos, de una tremenda fuerza amorosa, domada por un lenguaje clásico y audaz, no sin ciertas influencias de Quevedo.* El rayo que no cesa *es la consagración de Hernández como el más hondo y original poeta de la generación del 36. Pero estaba escrito que el éxito de este hermoso libro iba a ser truncado por el huracán de la guerra civil. Apenas si dio tiempo a que salieran algunas críticas, muy entusiastas, sobre el libro. La guerra sorprende al poeta en Madrid, y Miguel se incorpora al Ejército. Lucha en las trincheras, lee versos suyos a los combatientes, y escapa cuando puede a Orihuela a ver a su novia. En plena guerra, en 1937, se casa con Josefina, pero Miguel tiene que incorporarse al frente de Jaén, y su luna de miel es brevísima. En 1937 les nace el primer hijo, que muere a los pocos meses, y en enero de 1939, próximo ya el fin de la guerra,* les nace otro. *Entretanto, Miguel ha escrito dos nuevos libros de poesía:* Viento del pueblo y El hombre acecha. *Ambos libros cantan la lucha popular, el amor a su tierra, a España, y el amor a Josefina y a su hijo.*

El final de la guerra, en marzo de 1939, trae para Miguel una serie de desdichas. Son días malos para el poeta, con grandes penas y largas prisiones. Preso en la cárcel madrileña de Torrijos, es condenado a muerte por su actividad política durante la guerra y sólo la intervención de algunos amigos logra que la condena se cambie en treinta años de prisión. En la cárcel, Miguel sigue escribiendo, y cuando recibe una carta de Josefina diciéndole que sólo puede comer pan y cebolla por falta de medios, escribe una de sus más conmovedoras canciones, las Nanas de la cebolla, *que figura en todas las antologías. Al poco tiempo le trasladan a la prisión de Palencia, y más tarde al penal de Ocaña, donde escribe un nuevo y bello libro:* Cancionero y romancero de ausencias, *que permaneció inédito hasta después de su muerte, en que lo publicó el editor Aguilar. Como le trasladan nuevamente de cárcel, aún tiene humor para escribir a Josefina:* «Sigo haciendo turismo.» *No piensa más que en ella y en su hijo.* «Me paso las horas muertas —escribe a Josefina— pensando en ese hijo y en ese porvenir que hemos de traerle, tú con tus cuidados, yo con mis esfuerzos. Quiero un porvenir hermoso para nuestro hijo.»

De Ocaña le trasladan nuevamente a la cárcel de Alicante, adonde llega en julio de 1941, lo que le permite ver con más frecuencia a Josefina y a su hijo, que viven en el pueblecito de Cox, próximo a Alicante. Pero a fines de noviembre, Miguel enferma de fiebres tifoideas y, a continuación, aún no curado del todo de ellas, se le declara una tuberculosis pulmonar. Es el principio del fin. En la enfermería es sometido a una operación, sin que por ello mejore. Como su gravedad aumenta, sus amigos elevan una solicitud para que Miguel sea trasladado a un sanatorio de presos tuberculosos que hay cerca de Alicante. Pero los trámites se alargan, y cuando llega a la cárcel de Alicante la autorización para el traslado al sanatorio, ya es tarde. Miguel está gravísimo y se considera inútil el traslado, ya que la muerte le ronda. Y el 28 de marzo de 1492, en la madrugada, el poeta agoniza, y dice sus últimas palabras: «¡Josefina, hija, qué desgraciada eres!» Muere Miguel con los ojos terriblemente abiertos, hasta el punto de que ni el enfermero que le vio morir ni sus compañeros de prisión son capaces de cerrárselos. Sus restos yacen hoy en el cementerio de Alicante, con una lápida que ostenta una sencilla inscripción: «Miguel Hernández/Poeta/1910-1942.» Tenía, pues, Miguel Hernández, en el momento de su muerte, treinta y dos años.

* * *

La poesía de Miguel Hernández, se yergue desde el neobarroquismo gongorino de su primer libro, Perito en lunas, todo metáforas, hasta los últimos poemas intensamente dramáticos escritos desde la cárcel. Estos últimos poemas en que el amor a la

esposa y al hijo, y la presencia de la muerte, que ya
siente cerca, parecen fundirse en un mismo senti-
miento de desesperación, de amarga tristeza, como
si presintiera el trágico fin que le esperaba. Un ra-
malazo de esperanza a veces levanta su alma entre-
lazada, pero es para caer de nuevo, heridas sus
alas, cargado de plomo su corazón. Acaso ningún
poema tan patético como Vuelo, en que ese senti-
miento de esperanza y de caída está expresado en
hermosos versos:

Un ser ardiente, claro de deseos, alado,
quiso ascender, tener la libertad por nido.
Quiso olvidar que el hombre se aleja encadenado.
Donde faltaban plumas, puso valor y olvido.

Iba tan alto a veces, que le resplandecía
sobre la piel el cielo, bajo la piel el ave.
Ser que te confundiste con una alondra un día,
te desplomaste otro como el granizo grave.

Los grandes temas de la poesía de Miguel Her-
nández a partir de 1936 son la patria, el amor y
la muerte. Cuando la guerra le arrastró, su canto
se llenó de pasión y de fuego, un fuego que que-
maba su pecho y daba alas a sus brazos. Nadie
ha cantado acaso a la esposa con la fiera her-
mosura, con la huracanada fuerza de Miguel en
los poemas escritos durante la guerra y posterior-
mente en la cárcel. En sus libros Viento del
Pueblo y El hombre acecha, la voz de Miguel es

17

un torrente apasionado que quiere inundarlo, ilu-
minarlo todo con su canto. Pero tras el viento
apasionado de esos poemas en libertad viene para
el poeta el camino dolorosamente trágico hasta su
muerte en una prisión. Y llegan los poemas deses-
peranzados, empapados de pena y de tristeza,
cuando se ve separado de su mujer y de su hijo,
encerrado entre cuatro paredes, él que amaba más
que nada la vida al aire libre, en el campo des-
nudo, bajo el sol y el aire o la lluvia. En algún
poema asoma, sin embargo, un rayo de esperan-
za, un sueño de dicha. El poeta sueña que su
soledad entre rejas tendrá un fin, y volverán las
horas de amor:

> Pintada, no vacía;
> pintada está mi casa
> del color de las grandes
> pasiones y desgracias.
>
> Regresaré del llanto
> adonde fue llevada
> con su desierta mesa,
> con su ruinosa cama.
>
> Florecerán los besos
> sobre las almohadas.
> Y en torno de los cuerpos
> elevará la sábana
>
> su intensa enredadera
> nocturna, perfumada.

> El odio se amortigua
> detrás de la ventana.
>
> Será la garra suave.
>
> Dejadme la esperanza.

Pero esa esperanza a la que se aferraba el poeta para no caer en la desesperación, no tardará en derrumbarse ante la angustia de la soledad y de la sombra: la oscura sombra de unos muros. En el poema Eterna sombra, *símbolo de ese derrumbamiento, ve el poeta a su alrededor sólo sombras y odios:*

> Sólo el fulgor de los puños cerrados,
> el resplandor de los dientes que acechan.
> Dientes y puños de todos los lados.
> Más que las manos, los montes se estrechan.
>
> Turbia es la lucha sin sed de mañana.
> ¡Qué lejanía de opacos latidos!
> Soy una cárcel con una ventana
> ante una gran soledad de rugidos.

Y, sin embargo, al final del poema, surge de nuevo ese rayo de esperanza que Miguel sostuvo hasta sus últimos, trágicos días:

> Soy una abierta ventana que escucha
> por donde va tenebrosa la vida.
> Pero hay un rayo de sol en la lucha
> que siempre deja la sombra vencida.

Ese ir de la esperanza a la desesperación es una nota casi constante en los últimos poemas de Hernández. La observamos también en un poema, Sepultura de la imaginación, que es como un autorretrato espiritual del poeta. El protagonista del poema, ese albañil que quisiera levantar, con brazos de amor, una casa, un edificio alado, no es sino Miguel mismo. Pero aquel sueño, aquella vida ávida de libertad y de futuro, se derrumbó también y fue sepultada por la piedra:

Un albañil quería... Pero la piedra cobra
su torva densidad brutal en un momento.
Aquel hombre labraba su cárcel. Y en su obra
fueron precipitados él y el viento.

Ante la tumba de Miguel Hernández, pudo decir un gran poeta de hoy, Vicente Aleixandre: «Tú, el más puro y verdadero, tú el más real de todos, tú el no desaparecido.» Y ciertamente, el recuerdo y la poesía de Miguel Hernández están hoy más vivos que nunca. Su obra se publica y se traduce a numerosos idiomas. Su voz, ardiente y pura, sigue escuchándose con emoción: la emoción de toda verdadera poesía.

DE «SILBOS»
(1933-1934)

EL SILBO DEL DALE

Dale al aspa, molino,
    hasta nevar el trigo.

Dale a la piedra, agua,
hasta ponerla mansa.

Dale al molino, aire,
hasta lo inacabable.

Dale al aire, cabrero,
hasta que silbe tierno.

Dale al cabrero, monte,
hasta dejarlo inmóvil.

Dale al monte, lucero,
hasta que se haga cielo.

Dale, Dios, a mi alma,
hasta perfeccionarla.

Dale que dale, dale,
molino, piedra, aire,

cabrero, monte, astro;
dale que dale largo.

Dale que dale, Dios,
¡ay!
hasta la perfección.

EL SILBO DE LA LLAGA PERFECTA

Ábreme, Amor, la puerta
de la llaga perfecta.

Abre, Amor mío, abre
la puerta de mi sangre;

Abre, para que salgan
todas las malas ansias.

Abre, para que huyan
las intenciones turbias.

Abre, para que sean
fuentes puras mis venas,

mis manos cardos mondos,
pozos quietos mis ojos.

Abre, que viene el aire
de tu palabra... ¡Abre!

Abre, Amor, que ya entra...
¡ay!
Que no se salga... ¡Cierra!

DE «EL RAYO QUE NO CESA»
(1934-1935)

UN CARNÍVORO CUCHILLO

Un carnívoro cuchillo
de ala dulce y homicida
sostiene un vuelo y un brillo
alrededor de mi vida.

Rayo de metal crispado
fulgentemente caído,
picotea mi costado
y hace en él un triste nido.

Mi sien, florido balcón
de mis edades tempranas,
negra está, y mi corazón,
y mi corazón con canas.

Tal es la mala virtud
del rayo que me rodea,
que voy a mi juventud
como la luna a la aldea.

Recojo con las pestañas
sal del alma y sal del ojo
y flores de telarañas
de mis tristezas recojo.

¿Adónde iré que no vaya
mi perdición a buscar?
Tu destino es de la playa
y mi vocación del mar.

Descansar de esta labor
de huracán, amor o infierno
no es posible, y el dolor
me hará a mi pesar eterno.

Pero al fin podré vencerte,
ave y rayo secular,
corazón, que de la muerte
nadie ha de hacerme dudar.

Sigue, pues, sigue, cuchillo,
volando, hiriendo. Algún día
se pondrá el tiempo amarillo
sobre mi fotografía.

ME TIRASTE UN LIMÓN

Me tiraste un limón, y tan amargo,
con una mano cálida, y tan pura,
que no menoscabó su arquitectura
y probé su amargura sin embargo.

Con el golpe amarillo, de un letargo
dulce pasó a una ansiosa calentura
mi sangre, que sintió la mordedura
de una punta de seno duro y largo.

Pero al mirarte y verte la sonrisa
que te produjo el limonado hecho,
a mi voraz malicia tan ajena,

se me durmió la sangre en la camisa,
y se volvió el poroso y áureo pecho
una picuda y deslumbrante pena.

UMBRÍO POR LA PENA

Umbrío por la pena, casi bruno,
   porque la pena tizna cuando estalla,
donde yo no me hallo no se halla
hombre más apenado que ninguno.

Sobre la pena duermo solo y uno,
pena es mi paz y pena mi batalla,
perro que ni me deja ni se calla,
siempre a su dueño fiel, pero importuno.

Cardos y penas por corona,
cardos y penas siembran sus leopardos
y no me dejan bueno hueso alguno.

No podrá con la pena mi persona
rodeada de penas y de cardos:
¡cuánto penar para morirse uno!

POR TU PIE, LA BLANCURA

Por tu pie, la blancura más bailable,
    donde cesa en diez partes tu hermosura,
una paloma sube a tu cintura,
baja a la tierra un nardo interminable.

Con tu pie vas poniendo lo admirable
del nácar en ridícula estrechura
y adonde va tu pie va la blancura,
perro sembrado de jazmín calzable.

A tu pie, tan espuma como playa,
arena y mar me arrimo y desarrimo
y al redil de su planta entrar procuro.

Entro y dejo que el alma se me vaya
por la voz amorosa del racimo:
pisa mi corazón que ya es maduro.

TENGO ESTOS HUESOS HECHOS

TENGO estos huesos hechos a las penas
y a las cavilaciones estas sienes;
pena que vas, cavilación que vienes
como el mar de la playa a las arenas.

Como el mar de la playa a las arenas,
voy en este naufragio de vaivenes,
por una noche oscura de sartenes
redondas, pobres, tristes y morenas.

Nadie me salvará en este naufragio
si no es tu amor, la tabla que procuro,
si no es tu voz, el norte que pretendo.

Eludiendo por eso el mal presagio
de que ni en ti siquiera habré seguro,
voy entre pena y pena sonriendo.

TE ME MUERES DE CASTA Y DE SENCILLA

T E me mueres de casta y de sencilla:
   estoy convicto, amor, estoy confeso
de que, raptor intrépido de un beso,
yo te libé la flor de la mejilla.

Yo te libé la flor de la mejilla,
y desde aquella gloria, aquel suceso,
tu mejilla, de escrúpulo y de peso,
se te cae deshojada y amarilla.

El fantasma del beso delincuente
el pómulo te tiene perseguido,
cada vez más patente, negro y grande.

Y sin dormir estás, celosamente,
vigilando mi boca ¡con qué cuido!
para que no se vicie y se desmande.

UNA QUERENCIA TENGO POR TU ACENTO

Una querencia tengo por tu acento,
    una apetencia por tu compañía
y una dolencia de melancolía
por la ausencia del aire de tu viento.

Paciencia necesita mi tormento,
urgencia de tu garza galanía,
tu clemencia solar mi helado día,
tu asistencia la herida en que lo cuento.

¡Ay querencia, dolencia y apetencia!:
tus sustanciales besos, mi sustento,
me faltan y me muero sobre mayo.

Quiero que vengas, flor desde tu ausencia,
a serenar la sien del pensamiento
que desahoga en mí su eterno rayo.

SILENCIO DE METAL TRISTE Y SONORO

SILENCIO de metal triste y sonoro,
   espadas congregando con amores
en el final de huesos destructores
de la región volcánica del toro.

Una humedad de femenino oro
que olió puso en su sangre resplandores,
y refugió un bramido entre las flores
como un huracanado y vasto lloro.

De amorosas y cálidas cornadas
cubriendo está los trebolares tiernos
con el dolor de mil enamorados.

Bajo su piel las furias refugiadas
son el nacimiento de sus cuernos
pensamientos de muerte edificados.

COMO EL TORO HE NACIDO PARA EL LUTO

Como el toro he nacido para el luto
  y el dolor, como el toro estoy marcado
por un hierro infernal en el costado
y por varón en la ingle como un fruto.

Como el toro lo encuentra diminuto
todo mi corazón desmesurado,
y del rostro del beso enamorado,
como el toro a tu amor se lo disputo.

Como el toro me crezco en el castigo,
la lengua en corazón tengo bañada
y llevo al cuello un vendaval sonoro.

Como el toro te sigo y te persigo,
y dejas mi deseo en una espada,
como el toro burlado, como el toro.

POR UNA SENDA VAN LOS HORTELANOS

Por una senda van los hortelanos,
   que es la sagrada hora del regreso,
con la sangre injuriada por el peso
de inviernos, primaveras y veranos.

Vienen de los esfuerzos sobrehumanos
y van a la canción, y van al beso,
y van dejando por el aire impreso
un olor de herramientas y de manos.

Por otra senda yo, por otra senda
que no conduce al beso aunque es la hora,
sino que merodea sin destino.

Bajo su frente trágica y tremenda,
un toro solo en la ribera llora
olvidando que es toro y masculino.

ELEGÍA

*(En Orihuela, su pueblo
y el mío, se me ha muerto
como del rayo Ramón Sijé,
con quien tanto quería.)*

Yo quiero ser llorando el hortelano
de la tierra que ocupas y estercolas,
compañero del alma, tan temprano.

Alimentando lluvias, caracolas
y órganos mi dolor sin instrumento,
a las desalentadas amapolas

daré tu corazón por alimento.
Tanto dolor se agrupa en mi costado,
que por doler me duele hasta el aliento.

Un manotazo duro, un golpe helado,
un hachazo invisible y homicida,
un empujón brutal te ha derribado.

No hay extensión más grande que mi herida,
lloro mi desventura y sus conjuntos
y siento más tu muerte que mi vida.

Ando sobre rastrojos de difuntos,
y sin calor de nadie y sin consuelo
voy de mi corazón a mis asuntos.

Temprano levantó la muerte el vuelo,
temprano madrugó la madrugada,
temprano estás rodando por el suelo.

No perdono a la muerte enamorada,
no perdono a la vida desatenta,
no perdono a la tierra ni a la nada.

En mis manos levanto una tormenta
de piedras, rayos y hachas estridentes
sedienta de catástrofes y hambrienta.

Quiero escarbar la tierra con los dientes,
quiero apartar la tierra parte a parte
a dentelladas secas y calientes.

Quiero minar la tierra hasta encontrarte
y besarte la noble calavera
y desamordazarte y regresarte.

Volverás a mi huerto y a mi higuera:
por los altos andamios de las flores
pajareará tu alma colmenera

de angelicales ceras y labores.
Volverás al arrullo de las rejas
de los enamorados labradores.

Alegrarás la sombra de mis cejas,
y tu sangre se irán a cada lado
disputando tu novia y las abejas.

Tu corazón, ya terciopelo ajado,
llama a un campo de almendras espumosas
mi avariciosa voz de enamorado.

A las aladas almas de las rosas
del almendro de nata te requiero,
que tenemos que hablar de muchas cosas,
compañero del alma, compañero.

(10 de enero de 1936.)

DE «OTROS POEMAS»
(1935-1936)

ODA ENTRE ARENA Y PIEDRA

A Vicente Aleixandre

Tu padre el mar te condenó a la tierra
dándote un asesino manotazo
que hizo llorar a los corales sangre.

Las afectuosas arenas de pana torturada,
siempre con sed y siempre silenciosas,
recibieron tu cuerpo con la herencia
de otro mar borrascoso dentro del corazón,
al mismo tiempo que una flor de conchas
deshojada de párpados y arrugada de siglos
que hasta el nácar se arruga con el tiempo.

Lo primero que hiciste fue llorar en la costa,
donde soplando el agua hasta volverla iris polvo-
    riento
tu padre se quedó despedazando su colérico amor
entre desesperados pataleos.

Abrupto amor del mar, que abruptas penas
provocó con su acción huracanada.
¿Dónde ir con tu sangre de mar exasperado,

con tu acento de mar y tu revuelta lengua clamo-
    rosa
de mar cuya ternura no comprenden las piedras?
¿Dónde...? Y fuiste a la tierra.

...Y las vacas sonaron su caracol abundante
pariendo con los cuernos clavados en los esterco-
    leros.
Las colinas, los pechos femeninos
y algunos corazones solitarios
se hicieron emisarios de las islas.
La sandía, tronando de alegría,
se abrió en múltiples cráteres
de abotonado hielo ensangrentado.
Y los melones, mezcla
de arrope asible y nieve atemperada,
a dulces cabezadas se toparon.

Pero aquí, en este mundo que se resuelve en
    hoyos,
donde la sangre ha de contarse por parejas,
las pupilas por cuatro y el deseo por millares,
¿qué puede hacer su sangre,
el castigo mayor que tu padre te impuso,
qué puede hacer tu corazón, engendro
de una ola y un sol tumultuosos?
Tiznarte y más tiznarte con las cejas
y las miradas negras de las demás criaturas,
llevarte de huracán en huracanes
mordiéndote los codos de cólera amorosa.

Labranzas, siembras, podas
y las otras fatigas de la tierra;

serpientes que preparan una piel anual,
nardos que dan las gracias oliendo a quien los
   cuida,
selvas con animales de rizado marfil
que anudan su deseo por varios días,
tan diferentemente de los chivos
cuyo amor es ejemplo de relámpagos,
toros de corazón tan dilatado
que pueden refugiar un picador desperezándose,
piedras, Vicente, piedras, hasta rebeldes piedras
que sólo el sol de agosto logra hacer corazones,
hasta inhumanas piedras
te llevan al olvido de tu nación: la espuma.
Pero la cicatriz más dura y vieja
reverdece en herida al menor golpe.
La sal, ardiente sal que presa en el salero
hace memoria de su vida de pájaro y columpio,
llegando a casi líquida y azul en los días más hú-
   medos;
sólo la sal, la siempre constelada,
te acuerda que naciste en un lecho de algas, ma-
   rinero,
¡oh tú el más combatido por la tierra,
oh tú el más rodeado de erizados rastrojos!
cuando toca tu lengua su astral polen.

Te recorre el océano los huesos
relampagueando perdurablemente,
tu corazón se enjoya con peces y naufragios,
y con coral, retrato del esqueleto de tu corazón,
y el agua en plenilunio con alma de tronada

te sube por la sangre a la cabeza como un vino
   con alas
y desemboca, ya serena, por tus ojos.

Tu padre el mar te busca arrepentido
de haberte desterrado de su flotante corazón cris-
   pado,
el más hermoso imperio de la luna,
cada vez más amargo.

Un día ha de venir detrás de cualquier río
de esos que lo combaten insuficientemente,
arrebatando huevos a las águilas
y azúcar al panal que volverá salobre,
a destilar desde tu boca atribulada
hasta tu pecho, ciudad de las estrellas.
Y al fin serás objeto de esa espuma
que tanto te lastima idolatrarla.

EL AHOGADO DEL TAJO

(Gustavo Adolfo Bécquer)

N o, ni polvo ni tierra:
    incallable metal líquido eres.

Un flujo de campanas de bronce turbio y trémulo,
un galope de espadas de acero circulante jamás
    enmohecido
te preservan del polvo.

Y en vano se descuelga de los cuadros
para invadirte: te defiende el agua;
y en vano está la tierra reclamando su presa
haciendo un hueco íntimo en la grama.

Guitarras y arpas, liras y sollozos,
sollozos y canciones te sumergen en música.

Ahogado estás, alimentando flautas
en los cañaverales.

Todo lo ves tras vidrios y ternuras
desde un Toledo de agua sin turismo
con cancelas y muros de especies luminosas.

¡Qué maitines te suenan en los huesos,
qué corros te rodean de llanto femenino,
qué ataúdes de luna acelerada
renuevan sus rebaños de espuma afectuosa a cada
    instante!

¿Te acuerdas de la vida,
compañero del sapo que humedece las aguas con
    su silbo?
¿Te acuerdas del amor que agrega corazón,
quita cabellos, cría toros fieros?

¿Te acuerdas que sufrías oyendo las campanas,
mirando los sepulcros y los bucles,
errando por las tardes de difuntos
manando sangre y barro que un alfarero luego
recogió para hacer botijos y macetas?

Cuando la luna vierte su influencia
en las aguas, las venas y las frutas,
por su rayo atraído flotas entre dos aguas
cubierto por las ranas de verdes corazones.

Tu morada es el Tajo: ahí estás para siempre
dedicado a ser cisne por completo.
Las cosas no se nublan más en tu corazón;
tu corazón ya tiene la dirección del río;
los besos no se agolpan en tu boca
angustiada de tanto contenerlos;
eres todo de bronce navegable,
de infinitos carrizos custodiosos,
de acero dócil hacia el mar doblado
que lavará tu muerte toda una eternidad.

SINO SANGRIENTO

DE sangre en sangre vengo,
    como el mar de ola en ola,
de color de amapola el alma tengo,
de amapola sin suerte es mi destino,
y llego de amapola en amapola
a dar en la cornada de mi sino.

Criatura hubo que vino
desde la sementera de la nada,
y vino más de una
bajo el designio de una estrella airada
en una turbulenta y mala luna.

Cayó una pincelada
de ensangrentado pie sobre mi herida,
cayó un planeta de azafrán en celo,
cayó una nube roja enfurecida,
cayó un mar malherido, cayó un cielo.

Vine con un dolor de cuchillada,
me esperaba un cuchillo en mi venida,
me dieron a mamar leche de tuera,
zumo de espada loca y homicida,
y al sol el ojo abrí por vez primera

y lo que vi primero era una herida
y una desgracia era.

Me persigue la sangre ávida y fiera,
desde que fui fundado,
y aun antes de que fuera
proferido, empujado
por mi madre a esta tierra codiciosa
que de los pies me tira y del costado,
y cada vez más fuerte, hacia la fosa.

Lucho contra la sangre, me debato
contra tanto zarpazo y tanta vena,
y cada cuerpo que tropiezo y trato
es otro borbotón de sangre, otra cadena.

Aunque leves los dardos de la pena
aumentan las insignias de mi pecho:
en él se dio el amor a la labranza,
y mi alma de barbecho
hondamente ha surcado
de heridas sin remedio mi esperanza
por las ansias de murte de su arado.

Todas las herramientas en mi acecho:
el hacha me ha dejado
recónditas señales,
las piedras, los deseos y los días
cavaron en mi cuerpo manantiales
que sólo se tragaron las arenas
y las melancolías.

Son cada vez más grandes las cadenas,
son cada vez más grandes las serpientes,
más grande y más cruel su poderío,
más grandes sus anillos envolventes,
más grande el corazón, más grande el mío.

En su alcoba poblada de vacío
donde sólo concurren las visitas,
el picotazo y el color de un cuervo,
un manojo de cartas y pasiones escritas,
un puñado de sangre y una muerte conservo.

¡Ay sangre fulminante,
ay trepadora púrpura rugiente,
sentencia a todas horas resonante
bajo el yunque sufrido de mi frente!

La sangre me ha parido y me ha hecho preso,
la sangre me reduce y me agiganta,
un edificio soy de sangre y yeso
que se derriba él mismo y se levanta
sobre andamios de huesos.

Un albañil de sangre, muerto y rojo,
llueve y cuelga su blusa cada día
en los alrededores de mi ojo,
y cada noche con el alma mía
y hasta con las pestañas lo recojo.

Crece la sangre, agranda
la expansión de sus frondas en mi pecho
que álamo desbordante se desmanda
y en varios torvos ríos cae deshecho.

Me veo de repente
envuelto en sus coléricos raudales,
y nado contra todos desesperadamente
como contra un fatal torrente de puñales.

Me arrastra encarnizada su corriente,
me despedaza, me hunde, me atropella,
quiero apartarme de ella a manotazos,
y se me van los brazos detrás de ella,
y se me van las ansias en los brazos.

Me dejaré arrastrar hecho pedazos,
ya que así se lo ordenan a mi vida
la sangre y su marea,
los cuerpos y mi estrella ensangrentada.

Seré una sola y dilatada herida
hasta que dilatadamente sea
un cadáver de espuma: viento y nada.

DE «VIENTO DEL PUEBLO»
(1937)

EL SUDOR

En el mar halla el agua su paraíso ansiado
y el sudor su horizonte, su fragor, su plumaje.
El sudor es un árbol desbordante y salado,
un voraz oleaje.

Llega desde la edad del mundo más remota
a ofrecer a la tierra su copa sacudida,
a sustentar la sed y la sal gota a gota,
a iluminar la vida.

Hijo del movimiento, primo del sol, hermano
de la lágrima, deja rodando por las eras,
del abril al octubre, del invierno al verano,
áureas enredaderas.

Cuando los campesinos van por la madrugada
a favor de la esteva removiendo el reposo,
se viste una blusa silenciosa y dorada
de sudor silencioso.

Vestidura de oro de los trabajadores,
adorno de las manos como de las pupilas.
Por la atmósfera esparce sus fecundos olores
una lluvia de axilas.

El sabor de la tierra se enriquece y madura:
caen los copos del llanto laborioso y oliente,
maná de los varones y de la agricultura,
bebida de mi frente.

Los que no habéis sudado jamás, los que andáis
    yertos
en el ocio sin brazos, sin música, sin poros,
no usaréis la corona de los poros abiertos
ni el poder de los toros.

Viviréis maloliendo, moriréis apagados:
la encendida hermosura reside en los talones
de los cuerpos que mueven sus miembros traba-
    jados
como constelaciones.

Entregad al trabajo, compañeros, las fuentes:
que el sudor, con su espada de sabrosos cristales,
con sus lentos diluvios, os hará transparentes,
venturosos, iguales.

ELEGÍA PRIMERA

(A Federico García Lorca, poeta.)

ATRAVIESA la muerte con herrumbrosas lanzas,
  y en traje de cañón, las parameras
donde cultiva el hombre raíces y esperanzas,
y llueve sal, y esparce calaveras.

Verdura de las eras,
¿qué tiempo prevalece la alegría?
El sol pudre la sangre, la cubre de asechanzas
y hace brotar la sombra más sombría.

El dolor y su manto
vienen una vez más a nuestro encuentro.
Y una vez más el callejón del llanto
lluviosamente entro.

Siempre me veo dentro
de esta sombra de acíbar revocada,
amasada con ojos y bordones,
que un candil de agonía tiene puesto a la entrada
y un rabioso collar de corazones.

Llorar dentro de un pozo,
en la misma raíz desconsolada
del agua, del sollozo,
del corazón quisiera;
donde no me viera la voz ni la mirada,
ni restos de mis lágrimas me viera.

Entro despacio, se me cae la frente
despacio, el corazón se me desgarra
despacio, y despaciosa y negramente
vuelvo a llorar al pie de una guitarra.

Entre todos los muertos de elegía,
sin olvidar el eco de ninguno,
por haber resonado más en el alma mía,
la mano de mi llanto escoge uno.

Federico García
hasta ayer se llamó: polvo se llama.
Ayer tuvo un espacio bajo el día
que hoy el hoyo le da bajo la grama.

¡Tanto fue! ¡Tanto fuiste y ya no eres!
Tu agitada alegría,
que agitaba columnas y alfileres,
de tus dientes arrancas y sacudes,
y ya te pones triste, y sólo quieres
ya el paraíso de los ataúdes.

Vestido de esqueleto,
durmiéndote de plomo
de indiferencia armado y de respeto,
te veo entre tus cejas si me asomo.

Se ha llevado tu vida de palomo,
que ceñía de espuma
y de arrullos el cielo y las ventanas,
como un raudal de pluma
el viento que se lleva las semanas.

Primo de las manzanas,
no podrá con tu savia la carcoma,
no podrá con tu muerte la lengua del gusano,
y para dar salud fiera a su poma
elegirá tus huesos el manzano.

Cegado el manantial de tu saliva,
hijo de la paloma,
nieto del ruiseñor y de la oliva:
serás, mientras la tierra vaya y vuelva,
esposo siempre de la siempreviva,
estiércol padre de la madreselva.

¡Qué sencilla es la muerte: qué sencilla,
pero qué injustamente arrebatada!
No sabe andar despacio, y acuchilla
cuando menos se espera su turbia cuchillada.

Tú, el más firme edificio, destruido,
tú, el gavilán más alto, desplomado,
tú, el más grande rugido,
callado, y más callado, y más callado.

Caiga tu alegre sangre de granado,
como un derrumbamiento de martillos feroces,
sobre quien te detuvo mortalmente.

Salivazos y hoces
caigan sobre la mancha de tu frente.

Muere un poeta y la creación se siente
herida y moribunda en las entrañas.
Un cósmico temblor de escalofríos
mueve temiblemente las montañas,
un resplandor de muerte la matriz de los ríos.

Oigo pueblos de ayes y valles de lamentos,
veo un bosque de ojos nunca enjutos,
avenidas de lágrimas y mantos:
y en torbellino de hojas y de vientos,
lutos tras otros lutos y otros lutos,
llantos tras otros llantos y otros llantos.

No aventarán, no arrastrarán tus huesos,
volcán de arrope, trueno de panales,
poeta entretejido, dulce, amargo,
que al calor de los besos
sentiste, entre dos largas hileras de puñales,
largo amor, muerte larga, fuego largo.

Por hacer a tu muerte compañía,
vienen poblando todos los rincones
del cielo y de la tierra bandadas de armonía,
relámpagos de azules vibraciones.
Crótalos granizados a montones,
batallones de flautas, panderos y gitanos,
ráfagas de abejorros y violines,
tormentas de guitarras y pianos,
irrupciones de trompas y clarines.
Pero el silencio puede más que tanto instrumento.

Silencioso, desierto, polvoriento
en la muerte desierta,
parece que tu lengua, que tu aliento,
los ha cerrado el golpe de una puerta.

Como si paseara con tu sombra,
paseo con la mía
por una tierra que el silencio alfombra,
que el ciprés apetece más sombría.

Rodea mi garganta tu agonía
como un hierro de horca
y pruebo una bebida funeraria.
Tú sabes, Federico García Lorca,
que soy de los que gozan una muerte diaria.

CANCIÓN DEL ESPOSO SOLDADO

HE poblado tu vientre de amor y sementera,
he prolongado el eco de sangre a que respondo
y espero sobre el surco como el arado espera:
he llegado hasta el fondo.

Morena de altas torres, alta luz y altos ojos,
esposa de mi piel, gran trago de mi vida,
tus pechos locos crecen hasta mí dando saltos
de cierva concebida.

Ya me parece que eres un cristal delicado,
temo que te me rompas al más leve tropiezo,
y a reforzar tus venas con mi piel de soldado
fuera como el cerezo.

Espejo de mi carne, sustento de mis alas,
te doy vida en la muerte que me dan y no tomo.
Mujer, mujer, te quiero cercado por las balas,
ansiado por el plomo.

Sobre los ataúdes feroces en acecho,
sobre los mismos muertos sin remedio y sin fosa
te quiero y te quisiera besar con todo el pecho
hasta en el polvo, esposa.

Cuanto junto a los campos de combate te piensa
mi frente que no enfría ni aplaca tu figura,
te acercas hacia mí como una boca inmensa
de hambrienta dentadura.

Escríbeme a la lucha, siéntame en la trinchera;
aquí con el fusil tu nombre evoco y fijo,
y defiendo tu vientre de pobre que me espera,
y defiendo tu hijo.

Nacerá nuestro hijo con el puño cerrado
envuelto en un clamor de victoria y guitarras,
y dejaré a tu puerta mi vida de soldado
sin colmillos ni garras.

Es preciso matar para seguir viviendo.
Un día iré a la sombra de tu pelo lejano,
y dormiré en la sábana de almidón y de estruendo
cosida por tu mano.

Tus piernas implacables al parto van derechas,
y tu implacable boca de labios indomables,
y ante mi soledad de explosiones y brechas
recorres un camino de besos implacables.

Para el hijo será la paz que estoy forjando.
Y al fin en un océano de irremediables huesos
tu corazón y el mío naufragarán, quedando
una mujer y un hombre gastados por los besos.

DE «EL HOMBRE ACECHA»
(1937-1939)

CARTA

EL palomar de las cartas
    abre su imposible vuelo
desde las trémulas mesas
donde se apoya el recuerdo,
la gravedad de la ausencia,
el corazón, el silencio.

Oigo un latido de cartas
navegando hacia su centro.

Donde voy, con las mujeres
y con los hombres me encuentro,
malheridos por la ausencia,
desgastados por el tiempo.

Cartas, relaciones, cartas:
tarjetas postales, sueños,
fragmentos de la ternura,
proyectados en el cielo,
lanzados de sangre a sangre
y de deseo a deseo.

Aunque bajo la tierra
mi amante cuerpo esté,

escríbeme a la tierra
que yo te escribiré.

En un rincón enmudecen
cartas viejas, sobres viejos,
con el color de la edad
sobre la escritura puesto.
Allí perecen las cartas
llenas de estremecimientos.
Allí agoniza la tinta
y desfallecen los pliegos,
y el papel se agujerea
como un breve cementerio
de las pasiones de antes,
de los amores de luego.

Aunque bajo la tierra
mi amante cuerpo esté,
escríbeme a la tierra
que yo te escribiré.

Cuando te voy a escribir
se emocionan los tinteros:
los negros tinteros fríos
se ponen rojos y trémulos,
y un claro calor humano
sube desde el fondo negro.
Cuando te voy a escribir,
te van a escribir mis huesos:
te escribo con la imborrable
tinta de mi sentimiento.

Allá va mi carta cálida,
paloma forjada al fuego,
con las dos alas plegadas
y la dirección en medio.
Ave que sólo persigue,
para nido y aire y cielo,
carne, manos, ojos tuyos,
y el espacio de tu aliento.
Y te quedarás desnuda
dentro de tus sentimientos,
sin ropa, para sentirla
del todo contra tu pecho.

Aunque bajo la tierra
mi amante cuerpo esté,
escríbeme a la tierra
que yo te escribiré.

Ayer se quedó una carta
abandonada y sin dueño,
volando sobre los ojos
de alguien que perdió su cuerpo.
Cartas que se quedan vivas
hablando para los muertos:
papel anhelando, humano,
sin ojos que puedan verlo.

Mientras los colmillos crecen,
cada vez más cerca siento
la leve voz de tu carta
igual que un clamor inmenso.
La recibiré dormido
si no es posible despierto.

Y mis heridas serán
los derramados tinteros,
las bocas estremecidas
de rememorar tus besos,
y con su inaudita voz
han de repetir: te quiero.

LAS CÁRCELES

I

Las cárceles se arrastran por la humedad del
   mundo,
van por la tenebrosa vía de los juzgados:
buscan a un hombre, buscan a un pueblo, lo per-
   siguen,
lo absorben, se lo tragan.

No se ve, que se escucha la pena del metal,
el sollozo del hierro que atropellan y escupen:
el llanto de la espada puesta sobre los jueces
de cemento fangoso.

Allí, bajo la cárcel, la fábrica del llanto,
el telar de la lágrima que no ha de ser estéril,
el casco de los odios y de las esperanzas,
fabrican, tejen, hunden.

Cuando están las perdices más roncas y acopladas,
y el azul amoroso de fuerzas expansivas,
un hombre hace memoria de la luz, de la tierra,
húmedamente negro.

Se da contra las piedras la libertad, el día,
el paso galopante de un hombre, la cabeza,
la boca con espuma, con decisión de espuma,
la libertad, un hombre.

Un hombre que cosecha y arroja todo el viento
desde su corazón donde crece un plumaje:
un hombre que es el mismo dentro de cada frío,
de cada calabozo.

Un hombre que ha soñado con las aguas del mar,
y destroza sus alas como el rayo amarrado,
y estremece las rejas, y se clava los dientes
en los dientes de trueno.

II

Aquí no se pelea por un buey desmayado,
sino por un caballo que ve pudrir sus crines,
y siente sus galopes debajo de los cascos
pudrirse airadamente.

Limpiad el salivazo que lleva en la mejilla
y desencadenad el corazón del mundo,
y detened las fauces de las voraces cárceles
donde el sol retrocede.

La libertad se pudre desplumada en la lengua
de quienes son sus siervos más que sus poseedores.
Romped esas cadenas, y las otras que escucho
detrás de esos esclavos.

Ésos sólo buscan abandonar su cárcel,
su rincón, su cadena, no la de los demás.
Y en cuanto lo consiguen, descienden pluma a
    pluma,
enmohecen, se arrastran.

Son los encadenados por siempre desde siempre.
Ser libre es una cosa que sólo un hombre sabe:
Sólo el hombre que advierto dentro de esa maz-
    morra
como si yo estuviera.

Cierra las puertas, echa la aldaba, carcelero.
Ata duro a ese hombre: no le atarás el alma.
Son muchas llaves, muchos cerrojos, injusticias:
no le atarás el alma.

Cadenas, sí: cadenas de sangre necesita.
Hierros venosos, cálidos, sanguíneos eslabones,
nudos que no rechacen a los nudos siguientes
humanamente atados.

Un hombre aguarda dentro de un pozo sin reme-
    dio,
tenso, conmocionado, con la oreja aplicada.
Porque un pueblo ha gritado ¡libertad!, vuela el
    cielo.
Y las cárceles vuelan.

EL TREN DE LOS HERIDOS

SILENCIO que naufraga en el silencio
de las bocas cerradas por la noche.
No cesa de callar ni atravesado.
Habla el lenguaje ahogado de los muertos.

Silencio.

Abre caminos de algodón profundo,
amordaza las ruedas, los relojes,
detén la voz del mar, de la paloma:
emociona la noche de los sueños.

Silencio.

El tren lluvioso de la sangre suelta,
el frágil tren de los que se desangran,
el silencioso, el doloroso, el pálido,
el tren callado de los sufrimientos.

Silencio.

Tren de la palidez mortal que asciende:
la palidez reviste las cabezas,
el ¡ay!, la voz, el corazón, la tierra,
el corazón de los que malhirieron.

Silencio.

Van derramando piernas, brazos, ojos,
van arrojando por el tren pedazos.
Pasan dejando rastros de amargura,
otra vía de estelares miembros.

Silencio.

Ronco tren desmayado, enrojecido:
agoniza el carbón, suspira el humo,
y maternal la máquina suspira,
avanza como un largo desaliento.

Silencio.

Detenerse quisiera bajo un túnel
la larga madre, sollozar tendida.
No hay estaciones donde detenerse,
si no es el hospital, si no es el pecho.

Para vivir, con un pedazo basta:
en un rincón de carne cabe un hombre.
Un dedo sólo, un trozo sólo de ala
alza el vuelo total de todo el cuerpo.

Silencio.

Detened ese tren agonizante
que nunca acaba de cruzar la noche.
Y se queda descalzo hasta el caballo,
y enarena los cascos y el aliento.

EL HERIDO

I

Por los campos luchados se extienden los
    heridos.
Y de aquella extensión de cuerpos luchadores
salta un trigal de chorros calientes, extendidos
en roncos surtidores.

La sangre llueve siempre boca arriba, hacia el
    cielo.
Y las heridas suenan igual que caracolas,
cuando hay en las heridas celeridad de vuelo,
esencia de las olas.

La sangre huele a mar, sabe a mar y a bodega.
La bodega del mar, del vino bravo, estalla
allí donde el herido palpitante se anega,
y florece y se halla.

Herido estoy, miradme: necesito más vidas.
La que contengo es poca para el gran cometido
de sangre que quisiera perder por las heridas.
Decid quién no fue herido.

Mi vida es una herida de juventud dichosa.
¡Ay de quien no esté herido, de quien jamás se
    siente
herido por la vida, ni en la vida reposa
herido alegremente!

Si hasta a los hospitales se va con alegría,
se convierten en huertos de heridas entreabiertas,
de adelfos florecidos entre la cirugía
de ensangrentadas puertas.

II

Para la libertad sangro, lucho, pervivo.
Para la libertad, mis ojos y mis manos,
como un árbol carnal, generoso cautivo,
doy a los cirujanos.

Para la libertad siento más corazones
que arenas en mi pecho: dan espumas mis venas,
y entro en los hospitales, y entro en los algodones
como en las azucenas.

Para la libertad me desprendo a balazos
de los que han revolcado su estatua por el lodo,
y me desprendo a golpes de mis pies, de mis
    brazos,
de mi casa, de todo.

Porque donde unas cuencas vacías amanezcan,
ella pondrá dos piedras de futura mirada,
y hará que nuevos brazos y nuevas piernas crez-
   can
en la carne talada.

Retoñarán aladas de savia sin otoño
reliquias de mi cuerpo que pierdo en cada herida.
Porque soy como el árbol talado, que retoño:
porque aún tengo la vida.

LLAMO A LOS POETAS

Entre todos vosotros, con Vicente Aleixandre
y con Pablo Neruda tomo silla en la tierra:
tal vez porque he sentido su corazón cercano
cerca de mí, casi rozando el mío.

Con ellos me he sentido más arraigado y hondo,
y además menos solo. Ya vosotros sabéis
lo solo que yo soy, por qué soy yo tan solo.
Andando voy, tan solos yo y mi sombra.

Alberti, Altolaguirre, Cernuda, Prados, Garfias,
Machado, Juan Ramón, León Felipe, Aparicio,
Oliver, Plaja, hablemos de aquello a que aspira-
    mos:
por lo que enloquecemos lentamente.

Hablemos del trabajo, del amor sobre todo,
donde la telaraña y el alacrán no habitan.
Hoy quiero abandonarme tratando con vosotros
de la buena semilla de la tierra.
Dejemos el museo, la biblioteca, el aula
sin emoción, sin tierra, glacial, para otro tiempo.

Ya sé en esos sitios tiritará mañana
mi corazón helado en varios tomos.

Quitémonos el pavo real y suficiente,
la palabra con toga, la pantera de acechos.
Vamos a hablar del día, de la emoción del día.
Abandonemos la solemnidad.

Así: sin esa barba postiza, ni esa cita
que la insolencia pone bajo nuestra nariz,
hablaremos unidos, comprendidos, sentados,
de las cosas del mundo frente al hombre.

Así descenderemos de nuestro pedestal,
de nuestra pobre estatua. Y a cantar entraremos
a una bodega, a un pecho, o al fondo de la tierra,
sin el brillo del lente polvoriento.

Ahí está Federico; sentémonos al pie
de su herida, del chorro asesinado
que quiero contener como si fuera mío
y salta y no se acalla entre las fuentes.

Siempre fuimos nosotros sembradores de sangre.
Por eso nos sentimos semejantes al trigo.
No reposamos nunca, y eso es lo que hace el sol,
y la familia del enamorado.

Siendo de esa familia, somos la sal del aire.
Tan sensibles al clima como la misma sal,
una racha de otoño nos deja moribundos
sobre la huella de los sepultados.

Eso sí: somos algo. Nuestros cinco sentidos
en todo arraigan, piden posesión y locura.
Agredimos al tiempo con la feliz cigarra,
con el terrestre sueño que alentamos.

Hablemos, Federico, Vicente, Pablo, Antonio,
Luis, Juan Ramón, Emilio, Manolo, Rafael,
Arturo, Pedro, Juan, Antonio, León Felipe.
Hablemos sobre el viento y la cosecha.

Si queréis, nadaremos antes en esa alberca,
en ese mar que anhela transparentar los cuerpos.
Veré si hablamos luego con la verdad del agua,
que aclara el labio de los que han mentido.

MADRE ESPAÑA

ABRAZADO a tu cuerpo como el tronco a su
    tierra,
con todas las raíces y todos los corajes,
¿quién me separará, me arrancará de ti,
madre?

Abrazado a tu vientre, ¿quién me lo quitará,
si su fondo titánico da principio a mi carne?
Abrazado a tu vientre, que es mi perpetua casa,
¡nadie!

Madre: abismo de siempre, tierra de siempre: en-
    trañas.
Donde desembocando se unen todas las sangres:
donde todos los huesos caídos se levantan:
madre.

Decir madre es decir *tierra que me ha parido*;
es decir, a los muertos: *hermanos*, *levantarse*;
es sentir en la boca y escuchar bajo el suelo
sangre.

La otra madre es un puente, nada más, de tus
    ríos.

El otro pecho es una burbuja de tus mares.
Tú eres la madre entera con todo tu infinito,
madre.

Tierra: tierra en la boca, y en el alma, y en todo.
Tierra que voy comiendo, que al fin ha de tra-
    garme.
Con más fuerza que antes volverás a parirme,
madre.

Cuando sobre tu cuerpo sea una leve huella,
volverás a parirme con más fuerza que antes.
Cuando un hijo es un hijo, vive y muere gritando:
¡Madre!

Hermanos: defendamos su vientre acometido,
hacia donde los grajos crecen de todas partes,
pues, para que las malas alas vuelen, aún quedan
aires.

Echad a las orillas de vuestro corazón
el sentimiento en límites, los efectos parciales.
Son pequeñas historias al lado de ella, siempre
grande.

Una fotografía y un pedazo de tierra,
una carta y un monte son a veces iguales.
Hoy eres tú la hierba que crece sobre todo,
madre.

Familia de esta tierra que nos funde en la luz,
los más oscuros muertos pugnan por levantarse,

fundirse con nosotros y salvar la primera
madre.

España, piedra estoica que se abrió en dos pe-
    dazos
de dolor y de piedra profunda para darme:
no me separarán de tus altas entrañas,
madre.

Además de morir por ti, pido una cosa:
que la mujer y el hijo que tengo, cuando pasen,
vayan hasta el rincón que habite de tu vientre,
madre.

CANCIÓN ÚLTIMA

PINTADA, no vacía:
    pintada está mi casa
del color de las grandes
pasiones y desgracias.

Regresará del llanto
adonde fue llevada
con su desierta mesa,
con su ruinosa cama.

Florecerán los besos
sobre las almohadas.
Y en torno de los cuerpos
elevará la sábana
su intensa enredadera
nocturna, perfumada.

El odio se amortigua
detrás de la ventana.

Será la garra suave.

Dejadme la esperanza.

DE «CANCIONERO Y ROMANCERO DE AUSENCIAS»

EL CEMENTERIO ESTÁ CERCA

EL cementerio está cerca
    de donde tú y yo dormimos,
entre nopales azules,
pitas azules y niños
que gritan vívidamente
si un muerto nubla el camino.

De aquí al cementerio, todo
es azul, dorado, límpido.
Cuatro pasos y los muertos.
Cuatro pasos y los vivos.

Límpido, azul y dorado,
se hace allí remoto el hijo.

¿QUÉ QUIERE EL VIENTO DE ENERO?

Qué quiere el viento de enero
que baja por el barranco
y violenta las ventanas
mientras te visto de abrazos?

Derribarnos. Arrastrarnos.

Derribadas, arrastradas
las dos sangres se alejaron.
¿Qué sigue queriendo el viento
cada vez más enconado?

Separarnos.

NO SALIERON JAMÁS

No salieron jamás
	del vergel del abrazo,
y ante el rojo rosal
de los besos rodaron.

Huracanes quisieron
con rencor separarlos.
Y las hachas tajantes.
Y los rígidos rayos.

Aumentaron la tierra
de las pálidas manos.
Precipicios midieron
por el viento impulsados
entre bocas deshechas.
Recorrieron naufragios
cada vez más profundos,
en sus cuerpos, sus brazos.
Perseguidos, hundidos
por un gran desamparo
de recuerdos y lunas,
de noviembres y marzos,
aventados se vieron:
pero siempre abrazados.

COMO LA HIGUERA JOVEN

Como la higuera joven
de los barrancos eras.
Y cuando yo pasaba
sonabas en la sierra.

Como la higuera joven
resplandeciente y ciega.

Como la higuera eres.
Como la higuera vieja.
Y paso y me saludan
silencio y hojas secas.

Como la higuera eres
que el rayo envejeciera.

SI NOSOTROS VIVIÉRAMOS

S I nosotros viviéramos
lo que la rosa, con su intensidad,
el profundo perfume de los cuerpos
sería mucho más.

¡Ay, breve vida intensa
de mi día de rosales sembrar,
pasaste por la casa
igual, igual, igual
que un meteoro herido, perfumado
de hermosura y verdad!

La huella que has dejado es un abismo
con ruinas de rosal
donde un perfume que no cesa hace
que vayan nuestros cuerpos más allá.

COGEDME, COGEDME

COGEDME, cogedme.
Dejadme, dejadme.

Fieras, hombres, sombras.
Soles, flores, mares.
Cogedme.

Dejadme.

EL AMOR ASCENDÍA ENTRE NOSOTROS

E L amor ascendía entre nosotros
como la luna entre las dos palmeras
que nunca se abrazaron.

El íntimo rumor de los dos cuerpos
hacia el arrullo un oleaje trajo,
pero la ronca voz fue atenazada.
Fueron pétreos los labios.

El ansia de ceñir movió la carne,
esclareció los huesos inflamados,
pero los brazos al querer tenderse
murieron en los brazos.

Pasó el amor, la luna, entre nosotros
y devoró los cuerpos solitarios.
Y somos dos fantasmas que se buscan
y se encuentran lejanos.

RUMOROSAS PESTAÑAS

RUMOROSAS pestañas
    de los cañaverales.
Cayendo sobre el sueño
del hombre hasta dejarle
el pecho apaciguado
y la cabeza suave.

Ahogad la voz del arma,
que no despierte y salte
con el cuchillo de odio
que entre sus dientes late.

Así, dormido, el hombre
toda la tierra vale.

LA VEJEZ EN LOS PUEBLOS

(Guerra.)

L A vejez en los pueblos.
    El corazón sin dueño.
El amor sin objeto.
La hierba, el polvo, el cuervo.
¿Y la juventud?

En el ataúd.

El árbol solo y seco.
La mujer como un leño
de viudez sobre el lecho.
El odio sin remedio.
¿Y la juventud?

En el ataúd.

TRISTES GUERRAS

Tristes guerras
si no es amor la empresa.
Tristes, tristes.

Tristes armas
si no son las palabras.
Tristes, tristes.

Tristes hombres
si no mueren de amores.
Tristes, tristes.

ANTES DEL ODIO

Beso soy, sombra con sombra.
  Beso, dolor con dolor,
por haberme enamorado,
corazón sin corazón,
de las cosas, del aliento
sin sombra de la creación.
Sed con agua en la distancia,
pero sed alrededor.

Corazón en una copa
donde me lo bebo yo
y no se lo bebe nadie,
nadie sabe su sabor.
Odio, vida: ¡cuánto odio
sólo por amor!

No es posible acariciarte
con las manos que me dio
el fuego de más deseo,
el ansia de más ardor.
Varias alas, varios vuelos
abaten en ellas hoy
hierros que cercan las venas

y las muerden con rencor.
Por amor, vida, abatido,
pájaro sin remisión.
Sólo por amor odiado,
sólo por amor.

Amor, tu bóveda arriba
y yo abajo siempre, amor,
sin otra luz que estas ansias,
sin otra iluminación.
Mírame aquí encadenado,
escupido, sin calor
a los pies de la tiniebla
más súbita, más feroz,
comiendo pan y cuchillo
como buen trabajador
y a veces cuchillo sólo,
sólo por amor.

Todo lo que significa
golondrinas, ascensión,
claridad, anchura, aire,
decidido espacio, sol,
horizonte aleteante,
sepultado en un rincón.
Espesura, mar, desierto,
sangre, monte rodador:
libertades de mi alma
clamorosas de pasión
desfilando por mi cuerpo,
donde no se quedan, no,
pero donde se despliegan,
sólo por amor.

Porque dentro de la triste
guirnalda del eslabón,
del sabor a carcelero
constante y a paredón,
y a precipicio en acecho,
alto, alegre, libre soy.
Alto, alegre, libre, libre,
sólo por amor.

No, no hay cárcel para el hombre.
No podrán atarme, no.
Este mundo de cadenas
me es pequeño y exterior.
¿Quién encierra una sonrisa?
¿Quién amuralla una voz?
A lo lejos tú, más solo
que la muerte, la una y yo.
A lo lejos tú, sintiendo
en tus brazos mi prisión:
en tus brazos donde late
la libertad de los dos.
Libre soy, siénteme libre.
Sólo por amor.

RUEDA QUE IRÁS MUY LEJOS

R UEDA que irás muy lejos.
    Ala que irás muy alto.
Torre del día, niño.
Alborear del pájaro.

Niño: ala, rueda, torre.
Pie. Pluma. Espuma. Rayo.
Ser como nunca ser.
Nunca serás en tanto.

Eres mañana. Ven
con todo de la mano.
Eres mi ser que vuelve
hacia su ser más claro.
El universo eres
que guía esperanzado.

Pasión del movimiento,
la tierra es tu caballo.
Cabálgala. Domínala.

Y brotará en su casco
su piel de vida y muerte,
de sombra y luz, piafando.
Asciende. Rueda. Vuela,
creador de alba y mayo.
Galopa. Ven. Y colma
el fondo de mis brazos.

AUNQUE TÚ NO ESTÁS

Aunque tú no estás, mis ojos
de ti, de todo, están llenos.
No has nacido sólo a un alba,
sólo a un ocaso no he muerto.
El mundo lleno de ti
y nutrido el cementerio
de mí, por todas las cosas,
de los dos, por todo el pueblo.
En las calles voy dejando
algo que voy recogiendo:
pedazos de vida mía
perdidos desde muy lejos.
Libre soy en la agonía
y encarcelado me veo
en los radiantes umbrales,
radiantes de nacimientos.
Todo está lleno de mí:
de algo que es tuyo y recuerdo
perdido, pero encontrado
alguna vez, algún tiempo.

Tiempo que se queda atrás
decididamente negro,
indeleblemente rojo,
dorado sobre tu cuerpo.
Todo está lleno de ti
traspasado de tu pelo:
de algo que no he conseguido
y que busco entre tus huesos.

DÉJAME QUE ME VAYA

DÉJAME que me vaya,
    madre, a la guerra;
déjame, novia oscura,
blanca y morena.

¡Déjame!

Y después de dejarme
junto a las balas,
mándame a la trinchera
besos y cartas.

¡Mándame!

TODAS LAS MADRES DEL MUNDO

(Guerra.)

Todas las madres del mundo
        ocultan el vientre, tiemblan,
y quisieran retirarse
a virginidades ciegas,
al origen solitario
y el pasado sin herencia.
Pálida, sobrecogida
la virginidad se queda.
El mar gime sed y gime
sed de ser agua la tierra.
Alarga la llama el odio
y el clamor cierra las puertas.
Voces como lanzas vibran
voces como bayonetas.
Bocas como puños vienen,
puños como cascos llegan.
Pechos como muros roncos,
piernas como patas recias.
El corazón se revuelve,
se atorbellina, revienta.
Arroja contra los ojos
súbitas espumas negras.

La sangre enarbola el cuerpo,
precipita la cabeza
y busca un cuerpo, una herida
por donde lanzarse afuera.
La sangre recorre el mundo
enjaulada, insatisfecha.
Las flores se desvanecen
devoradas por la hierba.
Ansias de matar invaden
el fondo de la azucena.
Acoplarse con metales
todos los cuerpos anhelan:
desposarse, poseerse
de una terrible manera.
Desaparecer: el ansia
general, naciente, reina.
Un fantasma de estandartes,
una bandera quimérica,
un mito de patrias: una
grave ficción de fronteras.
Músicas exasperadas,
duras como botas, huellan
la faz de las esperanzas
y de las entrañas tiernas.
Crepita el alma, la ira.
El llanto relampaguea.
¿Para qué quiero la luz
si tropiezo con tinieblas?
Pasiones como clarines,
coplas, trompas que aconsejan
devorarse ser a ser,
destruirse piedra a piedra.
Relinchos. Retumbos. Truenos.

Salivazos. Besos. Ruedas.
Espuelas. Espadas locas
abren una herida inmensa.

Después, el silencio, mudo
de algodón, blanco de vendas,
cárdeno de cirugía,
mutilado de tristeza.
El silencio. Y el laurel
en un rincón de osamentas.
Y un tambor enamorado,
como un vientre tenso, suena
detrás del innumerable
muerto que jamás se aleja.

EL PEZ MÁS VIEJO DEL RÍO

EL pez más viejo del río,
  de tanta sabiduría
como amontonó, vivía
brillantemente sombrío.
Y el agua le sonreía.

Tan sombrío llegó a estar,
que el agua no le divierte.
Y después de meditar
tomó el camino del mar,
es decir, el de la muerte.

Reíste tú junto al río,
niño solar. Y ese día,
el pez más viejo del río
se quitó el aire sombrío.
Y el agua te sonreía.

EL ÚLTIMO RINCÓN

EL último y el primero:
  rincón para el sol más grande,
sepultura de esta vida
donde tus ojos no caben.
Allí quisiera tenderme
para desenamorarme.
Por el olivo lo quiero,
lo percibo por la calle,
se sume por los rincones
donde se sumen los árboles.
Se ahonda, y hace más honda
la intensidad de mi sangre.
Carne de mi movimiento,
huesos de ritmos mortales,
me muero por respirar
sobre vuestros ademanes.
Corazón que entre dos piedras
ansiosas de machacarle
de tanto querer te ahogas
como un mar entre dos mares.
De tanto querer me ahogo,
y no es posible ahogarme.
¿Qué hice para que pusieran
a mi vida tanta cárcel?

Tu pelo donde lo negro
ha sufrido las edades
de la negrura más firme,
y la más emocionante:
tu secular pelo negro
recorro hasta remontarme
a la negrura primera
de tus ojos y tus padres,
al rincón del pelo denso
donde relampagueaste.
Ay el rincón de tu vientre,
el callejón de tu carne:
el callejón sin salida
donde agonicé una tarde.
La pólvora y el amor
marchan sobre las ciudades
deslumbrando, removiendo
la población de la sangre.
El naranjo sabe a vida
y el olivo a tiempo sabe
y entre el clamor de los dos
mi corazón se debate.
El último y el primero:
náufrago rincón, estanque
de saliva detenida
sobre su amoroso cauce.
Siesta que ha entenebrecido
el sol de las humedades.
Allí quisiera tenderme
para desenamorarme.
Después del amor, la tierra.
Después de la tierra, nadie.

ÚLTIMOS POEMAS

HIJO DE LA LUZ Y LA SOMBRA

(Hijo de la sombra.)

I

Eres la noche, esposa: la noche en el instante
mayor de su potencia lunar y femenina.
Eres la medianoche: la sombra culminante
donde culmina el sueño, donde el amor culmina.

Forjado por el día, mi corazón que quema
lleva su gran pisada de sol a donde quieres,
con un sólido impulso, con una luz suprema,
cumbre de las mañanas y los atardeceres.

Daré sobre tu cuerpo cuando la noche arroje
su avaricioso anhelo de imán y poderío.
Un astral sentimiento febril me sobrecoge,
incendia mi osamenta con un escalofrío.

El aire de la noche desordena tus pechos,
y desordena y vuelca los cuerpos con su choque.
Como una tempestad de enloquecidos lechos,
eclipsa las parejas, las hace un solo bloque.

La noche se ha encendido como una sorda hoguera
de llamas minerales y oscuras embestidas.
Y alrededor la sombra late como si fuera
las almas de los pozos y el vino difundidas.

Ya la sombra es el nido cerrado, incandescente,
la visible ceguera puesta sobre quien ama:
ya provoca el abrazo cerrado, ciegamente,
ya recoge en sus cuevas cuanto la luz derrama.

La sombra pide, exige seres que se entrelacen,
besos que la constelen de relámpagos largos,
bocas embravecidas, batidas, que atenacen,
arrullos que hagan música de sus mudos letargos.

Pide que nos echemos tú y yo sobre la manta,
tú y yo sobre la luna, tú y yo sobre la vida.
Pide que tú y yo ardamos fundiendo en la gar-
    ganta,
con todo el firmamento, la tierra estremecida.

El hijo está en la sombra que acumula luceros,
amor, tuétano, luna, claras oscuridades.
Brota de sus perezas, de sus agujeros,
y de sus solitarias y apagadas ciudades.

El hijo está en la sombra: de la sombra ha sur-
    gido,
y a su origen infunden los astros una siembra,
un zumo lácteo, un flujo de cálido latido,
que ha de obligar sus huesos al sueño y a la
    hembra.

Moviendo está la sombra sus fuerzas siderales,
tendiendo está la sombra su constelada umbría,
volcando las parejas y haciéndolas nupciales.
Tú eres la noche, esposa. Yo soy el mediodía.

II

(Hijo de la luz.)

Tú eres el alba, esposa: la principal penumbra,
recibes entornadas las horas de tu frente.
Decidido al fulgor, pero entornado, alumbra
tu cuerpo. Tus entrañas fuerzan el sol naciente.

Centro de claridades, la gran hora te espera
en el umbral de un fuego que el fuego mismo
   abrasa:
te espero yo, inclinado como el trigo a la era,
colocando en el centro de la luz nuestra casa.

La noche desprendida de los pozos oscuros,
se sumerge en los pozos donde ha echado raíces.
Y tú te abres al parto luminoso, entre muros
que se rasgan contigo como pétreas matrices.

La gran hora del parto, la más rotunda hora:
estallan los relojes sintiendo tu alarido
se abren todas las puertas del mundo, de la
   aurora,
y el sol nace en tu vientre, donde encontró su
   nido.

El hijo fue primero sombra y ropa cosida
por tu corazón hondo desde tus hondas manos.
Con sombras y con ropas anticipó su vida,
con sombras y con ropas de gérmenes humanos.

Las sombras y las ropas sin población, desiertas,
se han poblado de un niño sonoro, un movimiento,
que en nuestra casa pone de par en par las puertas,
y ocupa en ella a gritos el luminoso asiento.

La vida es un pensar dichoso, moribundo:
sombras y ropas trajo la del hijo que nombras.
Sombras y ropas llevan los hombres por el mundo.
Y todos dejan siempre sombras: ropas y sombras.

Hijo del alba eres, hijo del mediodía.
Y ha de quedar de ti luces en todo impuestas,
mientras tu madre y yo vamos a la agonía,
dormidos y despiertos con el amor a cuestas.

Hablo, y el corazón me sale en el aliento.
Si no hablara lo mucho que quiero me ahogaría.
Con espliego y resinas perfumo tu aposento.
Tú eres el alba, esposa. Yo soy el mediodía.

III

(Hijo de la luz y la sombra.)

Tejidos en el alba, grabados, dos panales
no pueden detener la miel en los pezones.
Tus pechos en el alba: maternos manantiales,
luchan y se atropellan con blancas efusiones.

105

Se han desbordado, esposa, lunarmente tus venas,
hasta inundar la casa que tu sabor rezuma.
Y es como si brotaras de un pueblo de colmenas,
tú toda una colmena de leche con espuma.

Es como si tu sangre fuera dulzura y toda
laboriosas abejas filtradas por tus poros.
Oigo un clamor de leche, de inundación, de boda
junto a ti, recorrida por caudales sonoros.

Caudalosa mujer: en tu vientre me entierro.
Tu caudaloso vientre será mi sepultura.
Si quemaran mis huesos con la llama del hierro,
verían que grabada llevo allí tu figura.

Para siempre fundidos en el hijo quedamos:
fundidos como anhelan nuestras ansias voraces:
en un ramo de tiempo, de sangre, los dos ramos,
en un haz de caricias, de pelo, los dos haces.

Los muertos, con un fuego congelado que abrasa,
laten junto a los vivos de una manera terca.
Viene a ocupar el hijo los campos y la casa
que tú y yo abandonamos quedándonos muy cerca.

Haremos de este hijo generador sustento,
y hará de nuestra carne materia decisiva:
donde asienten su alma las manos y el aliento
las hélices circulen, la agricultura viva.

Él hará que esta vida no caiga derribada,
pedazo desprendido de nuestros dos pedazos,
que de nuestras dos bocas hará una sola espada
y dos brazos eternos de nuestros cuatro brazos.

No te quiero en ti sola: te quiero en tu ascen-
    dencia
y en cuanto de tu vientre descenderá mañana.
Porque la especie humana me han dado por he-
    rencia,
la familia del hijo será la especie humana.

Con el amor a cuestas, dormidos y despiertos,
seguiremos besándonos en el hijo profundo.
Besándonos tú y yo se besan nuestros muertos,
se besan los primeros pobladores del mundo.

(1938.)

CANTAR

Es la casa un palomar
y la cama un jazminero.
Las puertas de par en par
y en el fondo el mundo entero.

El hijo, tu corazón
madre que se ha engrandecido.
Dentro de la habitación
todo lo que ha florecido.

El hijo te hace un jardín,
y tú has hecho al hijo, esposa,
la habitación del jazmín,
el palomar de la rosa.

Alrededor de tu piel
ato y desato la mía.
Un mediodía de miel
rezumas: un mediodía.

¿Quién en esta casa entró
y la apartó del desierto?
Para que me acuerde yo
alguien que soy yo y ha muerto.

Viene la luz más redonda
a los almendros más blancos.
La vida, la luz, se ahonda
entre muertos y barrancos.

Venturoso es el futuro,
como aquellos horizontes
de pórfido y mármol puro
donde respiran los montes.

Arde la casa encendida
de besos y sombra amante.
No puede pasar la vida
más honda y emocionante.

Desbordadamente sorda
la leche alumbra tus huesos.
Y la casa se desborda
con ella, el hijo y los besos.

Tú, tu vientre caudaloso,
el hijo y el palomar.
Esposa, sobre tu esposo
suenan los pasos del mar.

TODO ERA AZUL DELANTE DE AQUELLOS OJOS

Todo era azul delante de aquellos ojos y era
        verde hasta lo entrañable, dorado hasta
        muy lejos.
Porque el color hallaba su encarnación primera
dentro de aquellos ojos de frágiles reflejos.

Ojos nacientes: luces en una doble esfera.
Todo radiaba en torno como un solar de espejos.
Vivificar las cosas para la primavera
poder fue de unos ojos que nunca han sido viejos.

Se los devora. ¿Sabes? No soy feliz. No hay goce
como sentir aquella mirada inundadora.
Cuando se me alejaba, me despedí del día.

La claridad brotaba de su directo roce,
pero los devoraron. Y están brotando ahora
penumbras como el pardo rubor de la agonía.

SONREÍR CON LA ALEGRE TRISTEZA
DEL OLIVO

Sonreír con la alegre tristeza del olivo,
   esperar, no cansarse de esperar la alegría.
Sonriamos, doremos la luz de cada día
en esta alegre y triste vanidad de ser vivo.

Me siento cada día más leve y más cautivo
en toda esta sonrisa tan clara y tan sombría.
Cruzan las tempestades sobre tu boca fría
como sobre la mía que aún es un soplo estivo.

Una sonrisa se alza sobre el abismo: crece
como un abismo trémulo, pero batiente en alas.
Una sonrisa eleva calientemente el vuelo.

Diurna, firme, arriba, no baja, no anochece.
Todo lo desafías, amor: todo lo escalas.
Con sonrisa te fuiste de la tierra y el cielo.

A MI HIJO

T<small>E</small> has negado a cerrar los ojos, muerto mío,
    abiertos ante el cielo como dos golondrinas:
su color coronado de junios, ya es rocío
alejándose a ciertas regiones matutinas.

Hoy, que es un día como bajo la tierra, oscuro,
como bajo la tierra, lluvioso, despoblado,
con la humedad sin sol de mi cuerpo futuro,
como bajo la tierra quiero haberte enterrado.

Desde que tú eres muerto no alientan las mañanas,
al fuego arrebatas de tus ojos solares:
se precipita octubre contra nuestras ventanas
diste paso al otoño y anocheció los mares.

Te ha devorado el sol, rival único y hondo
y la remota sombra que te lanzó encendido;
te empuja (un ahogo) llevándote hasta el fondo,
tragándote; y es como si no hubieras nacido.

Diez meses en la luz, redondeando el cielo,
sol muerto, anochecido, sepultado, eclipsado.
Sin (pasar) por el día que marchitó tu pelo;
atardeció tu carne con el alba en un lado.

El pájaro pregunta por ti, cuerpo al oriente,
carne naciente al alba y al júbilo precisa,
niño que sólo supo reír tan largamente
que sólo ciertas flores mueren con tu sonrisa.

Ausente, ausente, ausente como la golondrina
ave estival que esquiva viril al pie del hielo:
golondrina que a poco de abrir la pluma fina,
naufraga en las tijeras enemigas del vuelo.

Flor que no fue capaz de endurecer los dientes,
de llegar al más leve signo de la fiereza.
Vida como una hoja de labios incipientes,
hoja que desliza cuando a sonar empieza.

Los consejos del mar de nada te han valido...
vengo de dar a un tierno sol, una puñalada,
de enterrar un pedazo de pan en el olvido,
de echar sobre unos ojos un puñado de nada.

Verde, rojo, moreno; verde, azul y dorado:
los latentes colores de la vida, los huertos,
el centro de las flores a tus pies destinado,
de oscuros negros tristes, de graves blancos yertos.

Mujer arrinconada: mira que ya es el día,
(ay, ojos sin poniente por siempre en la alborada)
pero en tu vientre, pero en tus ojos, mujer mía,
la noche continúa cayendo desolada.

VUELO

Sólo quien ama vuela. Pero ¿quién ama tanto
   que sea como el pájaro más leve y fugitivo?
Hundiendo va este odio reinante todo cuanto
quisiera remontarse directamente vivo.

Amar... Pero ¿quién ama? Volar... Pero ¿quién
   vuela?
Conquistaré el azul ávido de plumaje,
pero el amor, abajo siempre, se desconsuela
de no encontrar las alas que dan cierto coraje.

Un ser ardiente, claro de deseos, alado,
quiso ascender, tener la libertad por nido.
Quiso olvidar que el hombre se aleja encadenado.
Donde faltaban plumas puso valor y olvido.

Iba tan alto a veces, que le resplandecía
sobre la piel el cielo, bajo la piel el ave.
Ser que te confundiste con una alondra un día,
te desplomaste otro como el granizo grave.

Ya sabes que las vidas de los demás son losas
con que tapiarte: cárceles con que tragar la tuya.
Pasa, vida, entre cuerpos, entre rejas hermosas.
A través de las rejas, libre la sangre afluya.

Triste instrumento alegre de vestir: apremiante
tubo de apetecer y respirar el fuego.
Espada devorada por el uso constante.
Cuerpo en cuyo horizonte cerrado me despliego.

No volarás. No puedes volar, cuerpo que vagas
por estas galerías donde el aire es mi nudo.
Por más que te debatas en ascender, naufragas.
No clamarás. El campo sigue desierto y mudo.

Los brazos no aletean. Son acaso una cola
que el corazón quisiera lanzar al firmamento.
La sangre se entristece de debatirse sola.
Los ojos vuelven tristes de mal conocimiento.

Cada ciudad, dormida, despierta, loca, exhala
un silencio de cárcel, de sueño que arde y llueve
como un élitro ronco de no poder ser ala.
El hombre yace. El cielo se eleva. El aire mueve.

DESDE QUE EL ALBA QUISO SER ALBA

DESDE que el alba quiso ser alba, toda eres
   madre. Quiso la luna profundamente llena.
En tu dolor lunar he visto dos mujeres,
y un removido abismo bajo una luz serena.

¡Qué olor a madreselva desgarrada y hendida!
¡Qué exaltación de labios y honduras generosas!
Bajo las huecas ropas aleteó la vida,
y se sintieron vivas bruscamente las cosas.

Eres más clara. Eres más tierna. Eres más suave.
Ardes y te consumes con más recogimiento.
El nuevo amor te inspira la levedad del ave
y ocupa los caminos pausados de tu aliento.

Ríe, porque eres madre con luna. Así lo expresa
tu palidez rendida de recorrer lo rojo;
y ese cerezo exhausto que en tu corazón pesa,
y el ascua repentina que te agiganta el ojo.

116

Ríe, que todo ríe: que todo es madre leve.
Profundidad del mundo sobre el que te has que-
  dado
sumiéndote y ahondándote mientras la luna
  mueve,
igual que tú, su hermosa cabeza hacia otro lado.

Nunca tan parecida tu frente al primer cielo.
Todo lo abres, todo lo alegras, madre, aurora.
Vienen rodando el hijo y el sol. Arcos de anhelo
te impulsan. Eres madre. Sonríe. Ríe. Llora.

MUERTE NUPCIAL

EL lecho, aquella hierba de ayer y de mañana:
este lienzo de ahora sobre madera aún verde,
flota como la hierba, se sume en la besana
donde el deseo encuentra los ojos y los pierde.

Pasar por unos ojos como por un desierto:
como por dos ciudades que ni un amor contienen.
Mirada que va y vuelve sin haber descubierto
el corazón a nadie, que todos la enarenen.

Mis ojos encontraron en un rincón los tuyos.
Se descubrieron mudos entre las dos miradas.
Sentimos recorrernos un palomar de arrullos
y un grupo de arrebatos de alas arrebatadas.

Cuanto más se miraban más se hallaban: más
    hondos
se veían, más lejos, más en uno fundidos.
El corazón se puso, y el mundo, más redondos.
Atravesaba el lecho la patria de los nidos.

Entonces, el anhelo creciente, la distancia
que va de hueso a hueso recorrida y unida,
al aspirar del todo la imperiosa fragancia,
proyectamos los cuerpos más allá de la vida.

Expiramos del todo. ¡Qué absoluto portento!
¡Qué total fue la dicha de mirarse abrazados,
desplegados los ojos hacia arriba un momento,
y al momento hacia abajo con los ojos plegados!

Pero no moriremos. Fue tan cálidamente
consumada la vida como el sol, su mirada.
No es posible perdernos. Somos plena simiente.
Y la muerte ha quedado, con los dos, fecundada.

RIÉNDOSE, BURLÁNDOSE CON CLARIDAD
DEL DÍA

RIÉNDOSE, burlándose con claridad del día,
se hundió en la noche el niño que quise
ser dos veces.
No quiso más la luz. ¿Para qué? No saldría
más de aquellos silencios, de aquellas lobregueces.

Quise ser… ¿Para qué…? Quise llegar gozoso
al centro de la esfera de todo lo que existe.
Quise llevar la risa como lo más hermoso.
He muerto sonriendo serenamente triste.

Niño dos veces niño: tres veces venidero.
Vuelve a rodar por ese mundo opaco del vientre.
Atrás, amor. Atrás, niño, porque no quiero
salir donde la luz su gran tristeza encuentre.

Regreso al aire plástico que alentó mi incons-
ciencia.
Vuelvo a rodar, consciente del sueño que me cubre.
En una sensitiva sombra de transparencia,
en un espacio íntimo rodar de octubre a octubre.

Vientre; carne central de todo cuanto existe.
Bóveda eternamente si azul, si roja, oscura.
Noche final, en cuya profundidad se siente
la voz de las raíces, el soplo de la altura.

Bajo tu piel avanzo, y es sangre la distancia.
Mi cuerpo en una densa constelación gravita.
El universo agrupa su errante resonancia
allí donde la historia del hombre ha sido escrita.

Mirar y ver en torno la soledad, el monte,
el mar, por la ventana de un corazón entero
que ayer se acongojaba de no ser horizonte
abierto a un mundo menos mudable y pasajero.

Acumular la piedra y el niño para nada.
Para vivir sin alas y oscuramente un día.
Pirámide de sol temible y limitada
sin fuego ni frescura. No. Vuelve, vida mía.

Mas algo me ha empujado desesperadamente.
Caigo en la madrugada del tiempo, del pasado.
Me arrojan de la noche ante la luz hiriente,
vuelvo a llorar desnudo, pequeño, regresado.

YO NO QUIERO MÁS LUZ QUE TU CUERPO
ANTE EL MÍO

Yo no quiero más luz que tu cuerpo ante el mío,
claridad absoluta. Transparencia redonda.
Limpidez cuya entraña, como el fondo del río,
con el tiempo se afirma, con la sangre se ahonda.

¡Qué lucientes materias duraderas te han hecho,
corazón de alborada, carnación matutina!
Yo no quiero más día que el que exhala tu pecho.
Tu sangre es la mañana que jamás se termina.

No hay más luz que tu cuerpo: no hay más sol.
Todo ocaso.
Yo no veo las cosas a otra luz que tu frente.
La otra luz es fantasma, nada más, de tu paso.
Tu insondable mirada nunca gira al poniente.

Claridad sin posible declinar. Suma esencia
del fulgor que ni cede ni abandona la cumbre.
Juventud. Limpidez. Claridad. Transparencia,
acercando los astros más cercanos de lumbre.

122

Claro cuerpo moreno de calor fecundante.
Hierba negra el origen. Hierba negra las sienes.
Trago negro los ojos, la mirada distante.
Día azul. Noche clara. Sombra clara que vienes.

Yo no quiero más luz que tu sombra dorada
donde brotan anillos de una hierba sombría.
En mi sangre, fielmente por tu cuerpo abrasada,
para siempre es de noche: para siempre es de día.

BOCA QUE ARRASTRA MI BOCA

Boca que arrastra mi boca:
   boca que me has arrastrado:
boca que vienes de lejos
a iluminarme de rayos.
Alba que das a mis noches
un resplandor rojo y blanco.
Boca poblada de bocas:
pájaro lleno de pájaros.

Canción que vuelve las alas
hacia arriba y hacia abajo.
Muerte reducida a besos,
a sed de morir despacio,
das a la grama sangrante
dos tremendos aletazos.
El labio de arriba el cielo
y la tierra el otro labio.

Beso que rueda en la sombra:
beso que viene rodando
desde el primer cementerio
hasta los últimos astros.

Astro que tiene tu boca
enmudecido y cerrado,
hasta que un roce celeste
hace que vibren sus párpados.

Beso que va a un porvenir
de muchachas y muchachos,
que no dejarán desiertos
ni las calles ni los campos.
¡Cuánta boca ya enterrada,
sin boca, desenterramos!

Bebo en tu boca por ellos,
brindo en tu boca por tantos
que cayeron sobre el vino
de los amorosos vasos.
Hoy son recuerdos, recuerdos,
besos distantes y amargos.

Hundo en tu boca mi vida,
oigo rumores de espacios,
y el infinito parece
que sobre mí se ha volcado.

He de volver a besarte,
he de volver. Hundo, caigo,
mientras descienden los siglos
hacia los hondos barrancos
como una febril nevada
de besos enamorados.

Boca que desenterraste
el amanecer más claro
con tu lengua. Tres palabras,
tres fuegos has heredado:
vida, muerte, amor. Ahí quedan
escritos sobre tus labios.

(1938.)

SEPULTURA DE LA IMAGINACIÓN

Un albañil quería... No le faltaba aliento.
Un albañil quería, piedra tras piedra, muro
tras muro, levantar una imagen al viento
desencadenador en el futuro.

Quería un edificio capaz de lo más leve.
No le faltaba asiento. ¡Cuánto aquel ser quería!
Piedras de plumas, mares de pájaros los mueve
una imaginación al mediodía.

Reía. Trabajaba. Cantaba. De sus brazos,
con un poder más alto que el ala de los truenos,
iban brotando muros lo mismo que aletazos.
Pero los aletazos duran menos.

Al fin, era la piedra su agente. Y la montaña
tiene valor de vuelo si es totalmente activa.
Piedra por piedra es peso y hunde cuanto acom-
    paña
aunque esto sea un mundo de ansia viva.

Un albañil quería... Pero la piedra cobra
su torva densidad brutal en un momento.
Aquel hombre labraba su cárcel. Y en su obra
fueron precipitados él y el viento.

ASCENSIÓN DE LA ESCOBA

Coronada la escoba de laurel, mirto, rosa,
es el héroe entre aquellos que afrontan la
basura.
Para librar del polvo sin vuelo cada cosa
bajó, porque era palma y azul, desde la altura.

Su ardor de espada joven y alegre no reposa.
Delgada de ansiedad, pureza, sol, bravura,
azucena que barre sobre la misma fosa,
es cada vez más alta, más cálida, más pura.

¡Nunca! La escoba nunca será crucificada.
Y ante su aliento raudo se ausenta el polvo quieto,
y asciende una palmera, columna hacia la aurora.

NANAS DE LA CEBOLLA

(Dedicadas a su hijo a raíz de recibir una carta de su mujer, en la que le decía que no comía más que pan y cebolla.)

L A cebolla es escarcha
cerrada y pobre.
Escarcha de tus días
y de mis noches.
Hambre y cebolla,
hielo negro y escarcha
grande y redonda.

En la cuna del hambre
mi niño estaba.
Con sangre de cebolla
se amamantaba.
Pero tu sangre,
escarchada de azúcar,
cebolla y hambre.

Una mujer morena
resuelta en luna
se derrama hilo a hilo

sobre la cuna.
Ríete, niño,
que te tragas la luna
cuando es preciso.

Alondra de mi casa,
ríete mucho.
Es tu risa en los ojos
la luz del mundo.
Ríete tanto
que mi alma al oírte
bata el espacio.

Tu risa me hace libre,
me pones alas.
Soledades me quita,
cárcel me arranca.
Boca que vuela,
corazón que en tus labios
relampaguea.

Es tu risa la espada
más victoriosa,
vencedor de las flores
y las alondras.
Rival del sol.
Porvenir de mis huesos
y de mi amor.

La carne aleteante,
súbito el párpado,
el vivir como nunca
coloreado.

¡Cuánto jilguero
se remonta, aletea,
desde tu cuerpo!

Desperté de ser niño:
nunca despiertes.
Triste llevo la boca:
ríete siempre.
Siempre en la cuna,
defendiendo la risa
pluma por pluma.

Ser de vuelo tan alto,
tan extendido,
que tu carne es el cielo
recién nacido.
¡Si yo pudiera
remontarme al origen
de tu carrera!

Al octavo mes ríes
con cinco azahares.
Con cinco diminutas
ferocidades.
Con cinco dientes
como cinco jazmines
adolescentes.

Frontera de los besos
serán mañana,
cuando en la dentadura
sientas un arma.

Sientas un fuego
correr dientes abajo
buscando el centro.

Vuela, niño, en la doble
luna del pecho:
él, triste de cebolla,
tú, satisfecho.
No te derrumbes.
No sepas lo que pasa
ni lo que ocurre.

ETERNA SOMBRA

Yo que creí que la luz era mía
    precipitado en la sombra me veo.
Ascua solar, sideral alegría
ígnea de espuma, de luz, de deseo.

Sangre ligera, redonda, granada:
raudo anhelar sin perfil ni penumbra.
Fuera, la luz en la luz sepultada.
Siento que sólo la sombra me alumbra.

Sólo la sombra. Sin rastro. Sin cielo.
Seres. Volúmenes. Cuerpos tangibles
dentro del aire que no tiene vuelo,
dentro del árbol de los imposibles.

Cárdenos ceños, pasiones de luto,
dientes sedientos de ser colorados.
Oscuridad del rencor absoluto.
Cuerpos lo mismo que pozos cegados.

Falta el espacio. Se ha hundido la risa.
Ya no es posible lanzarse a la altura.
El corazón quiere ser más de prisa
fuerza que ensancha la estrecha negrura.

Carne sin norte que va en oleada
hacia la noche siniestra, baldía.
¿Quién es el rayo de sol que la invada?
Busco. No encuentro ni rastro del día.

Sólo el fulgor de los puños cerrados,
el resplandor de los dientes que acechan.
Dientes y puños de todos los lados.
Más que las manos, los montes se estrechan.

Turbia es la lucha sin sed de mañana.
¡Qué lejanía de opacos latidos!
Soy una cárcel con una ventana
ante una gran soledad de rugidos.

Soy una abierta ventana que escucha,
por donde va tenebrosa la vida.
Pero hay un rayo de sol en la lucha
que siempre deja la sombra vencida.

ÍNDICE

ÍNDICE